Soy Emigrante

- Guía Emocional para quien decide empezar
de cero en un País que no es el suyo -

JOSE MANUEL RACCAMARICH MOLINA

ISBN: 9798609456281

DEDICATORIA

A todos los que he conocido en el duro camino de la migración, a cuantos han compartido conmigo el don de la amistad y que por búsqueda de un mejor futuro hoy estamos en países diferentes.

Índice:

Prefacio:

Hay un momento en nuestra vida en el que decidimos tomar acciones para tener un futuro mejor, por circunstancias de la vida a muchos nos toca elegir el camino de la emigración para alcanzar metas que en nuestros Países de origen ya no son posibles.

He realizado esta pequeña guía como fruto de mi esfuerzo personal y el de muchos que hoy por hoy me acompañan en este largo camino migratorio. Dicen algunos que, migrantes seremos desde que decidimos partir, pues si quisiéramos volver a nuestro País ya no será lo mismo debido a que: Las personas que conocimos habrán avanzado o quizá no estén, las cosas no serán iguales y por encima de todo nosotros no seremos los mismos.

Al hablar de Guía emocional me refiero a un pequeño manual narrativo sobre lo que necesitas para tomar la decisión de emigrar, las decisiones que te pueden beneficiar, lo que emocionalmente te puede pasar y las posibles ventajas o desventajas que encontrarás en este camino que no tiene retorno.

Emigrar no es para todo el mundo, vivimos en una realidad cambiante en la que cada día el fenómeno migratorio se hace cada vez más presente. Existen muchas realidades, muchas causas por las que la emigración es una necesidad y por ende seguirá siendo una realidad cíclica que no respeta edad, sexo, religión ni nacionalidad.

Hoy eres tú el Emigrante, mañana el emigrante será al que recién conociste cuando llegaste a construir tu futuro desde cero y pasado mañana alguien de tú familia repetirá tu historia migratoria en otras coordenadas.

"Yo, soy emigrante y hoy quiero enseñarte todo lo que emocionalmente debes saber para empezar de cero en un País que no es el tuyo"

José Manuel Raccamarich Molina

Ser Emigrante

Emigrar [1] Diccionario de la Lengua Española. Versión Electrónica (rae.es 2019)

Del lat. *emigrāre*.

1. intr. Dicho de una persona: Abandonar su propio país para establecerse en otro extranjero.

2. intr. Dicho de una persona: Abandonar la residencia habitual en busca de mejores medios de vida dentro de su propio país.

3. intr. Dicho de algunas especies animales o vegetales: Cambiar de lugar por exigencias de la estación, de la alimentación o de la reproducción.

Según la Real Academia Española (RAE) "Emigrar" responde a los tres significados mencionados anteriormente en su versión electrónica. Cuando hablamos de Emigrar se tiende mucho a confundir las palabras: Emigrante, Inmigrante, Migrante y Exiliado. Ahora bien ¿En qué se diferencian?

Emigrante: Es una persona que abandona su propio País o su residencia habitual para establecerse en el extranjero buscando mejores medios de vida que en la actualidad no se los ofrece su País de origen.

Inmigrante: Es la persona que ha radicado su residencia en un País diferente al de donde provino. Visto desde el País receptor, se le denomina "Inmigrantes" a los extranjeros que han decidido entrar y residir en búsqueda de una nueva vida.

Migrante: Se refiere al desplazamiento que ha realizado una persona o población que se produce desde un País de origen y que conlleva al cambio de la residencia habitual en un País diferente al de donde provino o provinieron. En otros casos, se menciona "Migrante" cuando se quiere referir alguien a los dos grupos en general sin necesidad de especificar si se trata de Emigrante o Inmigrante.

Exiliado: Persona que es separada de la tierra en la que vive, ocurre generalmente por motivos políticos, cuestión que causa la expatriación y que conlleva a una situación delicada en cuanto a legalidad se refiere para la persona exiliada. En otros casos, una persona puede considerarse exiliada por haber sentido en su País que su vida corría peligro o por sufrir persecución política sin necesidad de ser apátrida.

Aclarados los diferentes términos que podemos mencionar al vivir esta realidad en la que el Ser Humano se desplaza más allá de la tierra que conoce en búsqueda de una mejor realidad de vida, es importante saber que la emigración no es algo que todos estemos dispuestos a afrontar y, que por el contrario muchos están dispuestos a negar o evitar.

Ser Emigrante es mucho más que tomar una vida entera para buscar un futuro mejor en un lugar diferente al de donde se desarrolló. La realidad es que una vida no entra en una maleta, porque la vida de una persona jamás será lo que lleva en su equipaje si no lo que es capaz de ser ante cualquier circunstancia.

Muchos piensan que el fenómeno migratorio es algo aislado, que sólo ocurre en Países donde la mala gestión de sus gobernantes lleva a desplazar forzosamente a sus habitantes. Y la realidad es que el fenómeno migratorio puede ocurrir por motivos personales, climatológicos, de seguridad nacional, económicos, raciales, de orientación sexual e incluso por salud.

La decisión

Lo primero y más difícil de todo el proceso es reconocer la necesidad de hacer algo para cambiar nuestro presente y futuro próximo. Cuando queremos realmente hacer algo por nuestra realidad pueden surgir varias alternativas, pero si entre ellas está la emigración como solución probablemente sea la última que queramos tomar.

Para emigrar hay que estar conscientes de que vamos a salir de nuestra zona de confort y vaya que esto si es salir de todo lo que conocemos o nos hace sentir seguros porque, al hacerlo debemos saber que nos arriesgamos a lo desconocido y que tenemos las mismas posibilidades para alcanzar el éxito o fracasar en el intento. Para tomar la decisión de emigrar se deben tener en cuenta tres cosas:

1. ¿Realmente es necesario?

2. ¿Me sentiré feliz teniendo una nueva vida en otro lugar a pesar de que los míos probablemente no me acompañen?

3. ¿Qué País me puede dar mejores alternativas para alcanzar un éxito en la búsqueda de un futuro mejor?

Tomar la decisión es el paso más importante, algunos sólo llegan a pensarlo a idear el plan migratorio hasta el punto de no cumplirlo. No todos estamos destinados a emigrar y no todos estamos dispuestos a quedarnos sintiendo que nuestro futuro ya no depende de nosotros. Lo realmente importante, como siempre para cualquier tema será determinar si esta decisión nos hace "felices".

Sin confianza nada nos proponemos, sin dedicación nada planificaremos y sin felicidad nada alcanzaremos. A mi punto de vista emigrar es lo mejor que pude haber decidido de acuerdo con mi situación particular, sin duda alguna me ha abierto una infinidad de puertas y experiencias de las cuales me siento muy feliz de haber vivido y seguir experimentando. Me ha enseñado que, aún cuando decidí plantarme en un lugar que no era al que estaba acostumbrado cada experiencia es única y merece la pena vivirla al máximo.

Mi proceso migratorio fue planificado, no puedo mentir y considero que fue lo mejor que hice para que las consecuencias de la emigración no me desmoralizaran al punto de querer tomar la decisión de retornar y abandonar el sueño de un presente y futuro mejor al que me esperaba.

Cuando queremos tomar esta decisión es importante que antes de contarle a alguien sobre lo que estamos pensando ideemos un pequeño plan, un plan que incluya cuestiones lógicas, de tiempo, de probabilidades y de posibles personas u organizaciones que puedan darnos una mano para alcanzar los sueños de una forma más rápida y eficaz. ¿Por qué hablo de rapidez? Porque si algo tenemos en contra los emigrantes es el tiempo, cuando se deja todo para mudarse a un País que no es el nuestro debemos tratar de acelerar todo el proceso legal, laboral, emocional y de seguridad posible.

Hagamos un Plan Migratorio

Hacer una planificación migratoria es una de las primeras cosas que debemos hacer cuando realmente tomamos la decisión de salir de nuestro País de origen para buscar mejores alternativas en uno que no es el nuestro y para ello les voy a recomendar varios puntos que deben tomar en cuenta.

1. **Legalidad**: El País que seleccionemos debe ser lo suficientemente positivo en cuanto a legalidad se refiere, quiere decir que no puedo elegir el País que eligieron mis amigos si yo no tengo posibilidad remota de contar con un estatus legal que me permita residir y por ende trabajar o estudiar para poder superarme.

La mayoría de las personas que conozco en este proceso eligieron el País para emigrar porque tenían algún conocido, familiar o porque simplemente les gustaba lo que veían por internet y, no tomaron en cuenta lo básico y necesario que era el estatus legal.

Lo cierto es que cada persona es única, en algunos casos nuestras realidades familiares pueden permitirnos migrar juntos y en otros casos la realidad o los intereses son tan cambiantes que las decisiones pueden ser a destinos totalmente opuestos al que nos habíamos planteado. Lo real de esta situación es que cada migrante buscará lo que mejor le convenga y es que no estamos hablando de compartir, estamos hablando de que cada persona quiere y diseña su propio futuro por lo cual puede llegar a ser muy diferente al de sus familiares.

Algunos emigrantes poseen doble nacionalidad, otros conocen mecanismos legales para optar por residencias, permisos temporales de trabajo por situaciones excepcionales o incluso mecanismos legales para conseguir la residencia legal y que de esta forma puedan avanzar e integrarse en el nuevo País. Y ésta podría llegar a ser la solución a la emigración ilegal y clandestina que se da en muchísimos Países que por evitar un descontrol cierran a toda costa posibilidades de recibir un talento que puede potenciar a su nación en el ámbito que sea.

Algo que puede ayudarte en este punto de legalidad es el siguiente cuadro, en el cuál estableceré ciertos parámetros importantes que debes rellenar según tus posibilidades y conocimientos previos que tengas sobre el País que mejor te convenga en tu paso a la emigración. Toma tu tiempo y elige tres Países que puedan ayudarte a conseguir un futuro mejor.

País Elegido	Trámite para residir Trabajar / Estudiar	Tiempo estimado del trámite	Una vez con residencia ¿Qué haré?

¿Por qué debemos iniciar la planificación hablando de la Legalidad? Esto es motivado a que la emigración que estamos planteándonos será enfocada a mejorar nuestra realidad actual y por ende trataremos de buscar las mejores opciones que para nosotros se nos presenten. Conocer el País elegido, saber el tipo de trámite y requisitos que necesitamos cumplir para conseguir un permiso de residencia, el tiempo que esto llevará y el qué vamos a hacer una vez lo consigamos nos permitirá adelantarnos a lo que probablemente podamos vivir. Esto ayuda un montón en los momentos de crisis, porque ya estaba planificado, ya sabíamos que sucedería y estaba todo enmarcado en un Plan que busca echar raíces en otro País diferente al de donde provenimos.

En algunos casos la emigración se ve diversificada y establecida por partes, probablemente en situaciones más particulares algunos emigrantes decidan ir a un País que no les permita obtener residencia pero que si puedan conseguir trabajo de forma ilegal para generar los recursos suficientes hasta poder trasladarse a un País que si le permita establecerse legalmente con todos sus derechos y deberes. Esta migración también se puede establecer dentro del Plan migratorio, es totalmente válido y aunque no recomiendo hacer esto por riesgos propios que se pueden correr en el proceso si les puedo decir que este tipo de inmigrantes es más común de lo que pensamos.

Es necesario que sepamos reconocer el tipo de Plan que tenemos y que a su vez conozcamos todas las consecuencias que podemos tener al accionar una u otra opción. Salir de tu País de origen planificado(a) puede ser tu mejor herramienta a la hora de vivir las diferentes etapas que vas a experimentar como Inmigrante. Puede que tu viaje no sea en avión o vehículo, pues muchos inmigrantes por no contar con los recursos necesarios se ven obligados a emigrar bajo sus propios pies y esta emigración es la más ruda.

Cuando decidimos emigrar es necesario que tengamos un plan, una meta u objetivo preciso. El cual nos permita establecer la ruta que vamos a recorrer, si el País al que voy amerita que me prepare primero en otro y que cumpla con mi ideal de vida. No todos queremos estudiar, no todos perseguimos el sueño de hacer una empresa, pero probablemente todos queremos vivir en libertad, con seguridad, tener una calidad de vida que perdimos en nuestro País y sobre todo no vivir mas para sobrevivir.

2. **Metas u Objetivos:**

Son particularmente las planificaciones más reales que podemos hacer, determinarán hacia donde queremos llegar y nos permitirán enfocarnos hasta conseguir todo lo que hemos planificado. Algunas personas son obsesivas con este punto y se enfocan en querer cumplirlo todo al pie de la letra, pero, el truco es establecer metas u objetivos que más allá de ser reales puedan ser alcanzables y realizables de una u otra manera.

Para establecer una meta u objetivo es importante que lo hagamos de forma "Positiva". Y esta forma de establecerlos es propio de la Programación Neuro Lingüística (PNL) ahora bien, ¿Por qué en positivo? Esto es motivado a que cada ser Humano se maneja en base a una intención positiva, para ello daré algunos ejemplos:

✓ Estudio un Grado Universitario porque <u>quiero ser Profesional</u>.
✓ Voy al Gimnasio 4 veces a la semana porque <u>quiero sentirme bien al verme en el espejo</u>.
✓ Quiero emigrar a España porque <u>podré conseguir más logros académicos y profesionales que los que tengo ahora</u>.

Todo lo subrayado anteriormente responde a la intención positiva que una persona tiene para ejecutar una acción. De tal forma, la PNL afirma que ningún Ser Humano realiza una acción si su intención no es positiva y por ende, si queremos establecer un objetivo a cumplir lo ideal es enfocarlo en lo positivo que buscamos para cumplirlo. Ahora bien, ¿Cómo hacer una fórmula eficaz para crear un Objetivo Ejecutable?

3. **Los tiempos:** Uno de los factores más importantes de la migración es el tiempo, particularmente puede que sea uno de los aspectos que variará de acuerdo con las posibilidades y acciones que tomemos dentro de nuestro día a día como migrantes. Muchos migrantes ven reflejados sus éxitos y fracasos al medir el tiempo en el que han transcurrido estos hechos, a su vez en otros casos miden su nivel de efectividad o triunfo al comparar lo que han logrado en una cantidad de tiempo comparado con el de personas que conocen directa o indirectamente.

Por ello, establecer los tiempos de los objetivos o metas que queramos realizar es una de las cosas más importantes que debemos planificar de forma realista y futurista posible. Al emigrar tenemos una visión vaga sobre lo que queremos lograr en nuestro paso por el País que hemos elegido y es por ello que probablemente si establecemos un tiempo determinado para conseguir metas nos ayude a tomar conciencia de lo importante que es planificarse.

Cuando hablamos de "establecer los tiempos de los objetivos o metas" hay que destacar que todo dependerá de los factores en los que podamos influir o controlar. Existen objetivos o metas que tienden a ser vistos como inalcanzables porque los factores que giran en torno a como se formuló el objetivo no pueden ser controlados por nosotros mismos. Por ejemplo:

Objetivo propuesto	Factores inevitables
Conseguir un empleo enfocado en mi profesión el primer año como inmigrante.	1. La profesión está regulada y sólo acceden a ella los nativos o residentes. 2. La cultura es totalmente diferente. 3. Durante el primer año de inmigrante no tendrás permiso de trabajo.

Los tiempos de los objetivos o metas sirven para flexibilizar todos los factores que puedan estar en contra a la hora de ejecutar los planes de acción para cumplir con lo que nos hemos propuesto. Es decir, el tiempo no debe jugar nunca un papel en contra, por el contrario, el tiempo debe ser siempre un gran aliado que permita la flexibilidad que necesitamos para planificar la meta que tenemos y que a su vez nos de la satisfacción de cumplirla antes del tiempo que habíamos estimado.

Como todo proceso, la migración exige de un compromiso y por ende nuestro proceso avanzará o se estancará dependiendo del tiempo y motivación que nosotros le dediquemos. Puede suceder que las metas que establezcamos no respondan al tiempo adecuado para ejecutarlas pero que si nos ayuden a evaluar la posibilidad de extender el tiempo hasta que consigamos cumplir lo previsto.

Los casos más comunes a la hora de establecer objetivos migratorios son los que van relacionados con conseguir la legalidad en el País escogido, establecer una residencia digna, iniciar la actividad laboral, delimitar un presupuesto fijo mensual, progresar consecuentemente y conseguir la estabilidad que tanto se buscaba cuando se decidió emigrar.

De los objetivos o metas migratorias que se elaboren es importante que se tome en cuenta los factores que pueden influir directa o indirectamente sobre los mismos, a su vez, que podamos establecer un tiempo suficiente y no justo para conseguir lo que nos proponemos y que a su vez lo que planifiquemos sea algo por lo que verdaderamente vale la pena invertir nuestro tiempo.

Los objetivos migratorios pueden variar tanto como las experiencias de los migrantes. No todo el que emigra quiere estar en un estatus legal, así como, no todo el que es inmigrante está interesado en tener una residencia propia. Por otro lado, existen migrantes que no están interesados en iniciar una actividad laboral y que por suerte cuentan con ahorros suficientes para establecer otros objetivos que para su realidad pueden ser más primordiales.

Lo importante e imprescindible sobre establecer tiempos reales y suficientes en los objetivos que tengamos como inmigrantes está en no castigarnos con esto. Lo ideal es que los objetivos sean modificables, puedan ser extensibles y hasta transformables en base a como vaya surgiendo nuestra nueva vida.

¿Empezamos de Cero?

Empezar de Cero, esa frase que retumba en cada uno de los que decidimos emigrar para buscar un mejor futuro y que nos saca de nuestra zona de confort tantas veces como sea necesario. Empezar de cero equivale a tener la suficiente valentía como para aprender a decirse adiós a lo que se fue y a tener las ganas necesarias para reinventarte, crear a partir de lo que sabes de ti sin dejar de descubrirte en el nuevo presente que te estarás labrando.

¿Qué dejamos? Lo que fuimos, entre muchas cosas dejamos atrás los títulos (por un tiempo o quizá para siempre), logros, reconocimientos, contactos y la cercanía con nuestros familiares o amigos. Para algunas personas una o varias de las cosas que dejamos tienden a hacerles vivir del pasado, creando una vida lamentable en la que la frase "Yo era" se convierte en el motivo para repetir lo que se fue en el nuevo País.

De modo que empezar de cero realmente es una oportunidad para hacer una nueva vida y replantearse aquello que nunca pudimos hacer en nuestro País de origen. Algunos prefieren vivir del recuerdo y buscar insistentemente recuperar lo que fueron en el nuevo País o tienen la intención de regresar para recuperar su vida. Lo difícil de vivir del recuerdo es que la frustración, angustia y tristeza son los sentimientos más comunes que rondarán en nuestra vida porque recuperar la vida que tuvimos realmente es imposible.

Cuando se recuerda el País de donde venimos se extraña lo que fue, lo que se vivió en ese momento, pero no se extraña en lo que se convirtió. Nunca podremos extrañar lo que ocasionó que tuviésemos que emigrar, los recuerdos positivos siempre estarán allí para ayudarnos a entender el valor de lo nuestro, pero no estarán allí para anclarnos a una realidad que ya no existe.

Lo más difícil de todo el proceso migratorio es que al pasar los meses, entenderemos que ser emigrantes es una decisión que debemos asumir por el resto de nuestros días. Este camino conlleva a aceptar que si regresamos tendremos que empezar de cero en nuestro propio País y que, si decidimos continuar en el nuevo País igual deberemos empezar de cero.

Todo se resume a la pregunta ¿Empezamos de cero? Aquí o allá debe representar un reto que nos va a costar, pero que a fin de cuentas será una decisión que valga la pena, porque emigramos por un motivo poderoso y después de haber pasado por todo lo que pasamos sería incoherente pasar desapercibidos.

¿Por dónde empezar?

La gran pregunta que muchos nos hacemos a la hora de comenzar de cero en un País que no es el nuestro es ¿Por dónde empezar?, y es que a pesar de que en ocasiones nuestra migración sea planificada esta duda siempre permanecerá presente y de una u otra forma, no estaremos seguros de si lo que hacemos es lo correcto. Lo importante es tener una lista de prioridades, desempolvar el plan migratorio que hicimos y empezar a ejecutarlo. Hay que recordar que dentro de nuestro Plan debemos ejecutar lo más próximo y cercano que tengamos como prioridad, entender que cada proceso tiene su tiempo y que probablemente ganemos tiempo en algunos trámites, pero necesitemos más en otros.

Ahora bien, el empezar siempre será mejor comienzo que el no hacer nada y esperar que los procesos se inicien solos. A pesar de que cada uno tiene un Plan migratorio distinto no está de más seguir una pequeña lista general que nos pueda orientar y ayudar a comenzar de cero.

- Reconocer diariamente las emociones que sentiremos por el hecho de que somos inmigrantes.

- Mantener el contacto con nuestros seres queridos y en lo posible relacionarse en el nuevo País con nativos o connacionales que puedan ayudarnos a no sentirnos solos.

- Hacer una o dos actividades diarias que nos permitan sentir que estamos avanzando en las metas que nos hemos propuesto.

- Aprender sobre el tipo de clima, el transporte y sus mejores formas de uso.

- Caminar, todo lo que sea necesario para conocer el nuevo entorno y en lo posible dialogar con los nativos.

- Establecer un presupuesto mensual en el que se destaquen los gastos principales y lo que se puede usar para otros gustos necesarios.

- Investigar las mejores fuentes de empleo, aprender como se puede aplicar a los puestos de trabajo y sobre todo relacionarse con personas que nos ayuden a conseguir el primer empleo.

- Planificar las próximas metas que pueden estar relacionadas con vivienda, estudios, ropa y mejoras laborales.

- Darse tiempos durante la semana para descansar, disfrutar y conocer el nuevo País.

¿Qué hago con lo que siento?

Las emociones son reacciones psicofisiológicas que representan formas personales de adaptación ante diversos estímulos que percibimos de forma externa. Por ende, reaccionamos emocionalmente ante objetos, lugares, personas, sucesos o recuerdos importantes.

Lo que sentimos pertenece a una reacción inevitable que tenemos ante estímulos externos y que por ende no permite catalogar las emociones como buenas o malas. La realidad es que cada emoción responde a un estímulo y en su esencia todas son necesarias.

Como emigrantes si aprendemos a reconocer nuestras emociones tendremos mucho terreno ganado a la hora de afrontar ciertas realidades que vivamos. Sentirse alegres, felices, seguros, tristes, decaídos, nostálgicos o con mucha ira son algunas de las emociones que pueden aparecer durante todo este proceso.

No todo el que se siente triste padece depresión como no todo el que siente ansiedad tiene un Trastorno relacionado. Una cosa son las emociones y otra cosa son la lista de síntomas que presentamos para que se pueda dar con un diagnóstico específico. Ahora bien, lo que podemos hacer con lo que sentimos es explorar el porqué nos sentimos así, cuándo sucede y sobre todo el qué podemos aprender.

Cuando nos preguntamos el ¿Por qué? Surgirán muchas

variantes de respuesta, en algunos casos las primeras que surgen son excusas asociadas a la reacción emocional que presentamos y esto viene fundamento por el inconsciente. Cuando ya profundizamos y exploramos las razones por las que ciertas emociones afloran puede que encontremos el motivo específico y sepamos canalizar lo que sentimos hacia algo más aceptable.

Es común que al emigrar experimentemos la soledad en carne propia, esto puede desencadenar miedo, tristeza, nostalgia e ira. No todas las personas están acostumbradas a salir de su zona de confort y enfrentarse a una vida en la que si no te esfuerzas no conseguirás nada. Aceptar y vivir las emociones es un paso positivo que nos puede ayudar a hacer mas llevadero todo el proceso.

Una herramienta eficaz que podemos utilizar para la gestión de emociones es haciendo un "Registro" en el que detallemos lo que pensamos en el momento, la emoción que se manifiesta y la acción que realizamos. Esto nos puede ayudar a modificar y gestionar adecuadamente nuestras acciones ante las emociones. Escribir, es otra excelente manera de llevar un registro cotidiano de lo que vivimos y que de una u otra forma será nuestra prueba más fidedigna del avance que hemos conseguido desde que llegamos a un País que no es el nuestro.

La palabra que tenemos que aprender y memorizar ante las

emociones es "canalizar" no "controlar". Al canalizar las emociones conseguiremos mejores resultados que controlando o reprimiendo porque no hay nada más duro que negarse a experimentar la realidad. Canalizando reconocemos la emoción y aprendemos a reaccionar cuando éstas se presentan por los estímulos que recibimos constantemente.

Lo que sentimos siempre será una reacción ante lo que recibimos o percibimos, lo bueno o lo malo no dependerá de las emociones, pero si dependerá de las acciones que realicemos ante los estímulos que recibiremos. Por eso, no podemos limitarnos a elegir lo que sentimos si no a reaccionar adecuadamente.

Ansiedad Migratoria:

De la ansiedad se dicen muchas cosas, pero a resumidas cuentas la ansiedad es un estado mental que se caracteriza por tres elementos: Inquietud, excitación e inseguridad. La ansiedad migratoria por su parte está relacionada al hecho en sí de haber emigrado y de vivir todo lo que conlleva este duro proceso, por lo que los tres elementos que componen a la ansiedad están vinculados con la migración.

¿Por qué llamarle Ansiedad migratoria? Esto es debido a que cuando sabemos el porqué se origina un estado mental lo más conveniente es darle un nombre, que nos permita conocer el motivo por el que aparece para poder canalizarlo hasta que el estado mental desaparezca y no siga haciendo daño al sujeto.

La ansiedad como estado mental tiene sus puntos positivos, porque si bien es cierto los estados mentales no pueden ser considerados como negativos en su totalidad. De hecho, muchas personas viven y se desarrollan exitosamente gracias a la ansiedad que es provocada ante ciertas situaciones.

¿Cómo puede la ansiedad migratoria ser positiva? Ayudándonos a mantener los pies en la tierra, haciéndonos precavidos de nuestros actos, orientándonos hacia lo prioritario y usando la inquietud para hacer algo productivo. Esto sin duda se aprende ya cuando se ha pasado por momentos de ansiedad y se decide tomar el impulso para hacer algo diferente que pueda potenciarnos.

La Inquietud que presenta el migrante va relacionada a los viejos problemas que dejó en su País y a la toma de los nuevos problemas que se le presentan en un País que no es el suyo. Esto puede llegar a ser muy frustrante porque en algunos casos no dejamos la bolsa de problemas en nuestro País de origen y terminamos cargando con dos bolsas llenas de cosas negativas.

La inquietud puede hacernos preocupar o desgastarnos más de lo normal, pero sabiendo canalizar esa inquietud podemos utilizar su impulso para ejecutar metas a corto plazo que nos permitan estabilizarnos en el nuevo País.

Los inquietos pueden usar su energía para relacionarse, proponerse todos los días en hacer un progreso migratorio, conseguir todo lo necesario para estar en un estatus regular o legal como inmigrante, encontrar un empleo digno, mudarse del sitio donde lo recibieron y poco a poco ir adquiriendo lo que necesita para establecer su nueva vida con las experiencias que se tuvieron en el pasado.

La excitación como parte de la ansiedad puede llevarnos a hacer cosas que no son necesarias pero que de una u otra forma buscan saciarse hasta el punto en el que pueden convertirse en un círculo vicioso. Viene fundamentada generalmente por una necesidad de vivir y experimentar algo diferente, algo que nos haga sentir vivos y que no nos haga sentir decepcionados por la decisión que tomamos.

En la excitación podemos encontrar ciertas acciones que pueden ir vinculadas a las compras o gastos innecesarios, por inmiscuirnos en experiencias que pueden ser peligrosas y sobre todo por perder el tiempo tratando de demostrarnos que hacemos lo que necesitamos sentir.

Una buena forma de canalizar la excitación de la ansiedad es estableciendo prioridades, aprendiendo a que no todo lo que nos pedimos es algo que realmente debemos satisfacer y a enfocarnos en lo que realmente importa para este momento. Usar el impulso de la excitación para cumplir ciertos propósitos que nos planifiquemos en el día es una buena opción para conseguir lo que nos propongamos en este camino migratorio.

La inseguridad en cambio es una sensación de que nada va a estar bien si nos movemos en falso. Y lo más difícil de ser inmigrante es que nunca vamos a sentir que nos estamos moviendo con seguridad, porque nuestros afectos y personas en las que confiábamos han quedado kilómetros detrás de nosotros y que pase lo que pase hoy probablemente solo dependamos de nosotros mismos.

En la medida de lo posible la inseguridad puede canalizarse desde la perspectiva de que al cerrar una puerta se van a abrir varias que en su momento no las podíamos usar. El emigrar ya es un hecho de enfrentar las inseguridades más profundas que tenemos como personas, nada nos garantizó que nuestra migración fuese un éxito, pero sin embargo es un riesgo que se decide tomar para conseguir un futuro mejor.

Mantener los pies en la tierra es un efecto de haber canalizado correctamente la inseguridad, porque nos garantizará ser precavidos ante las situaciones que se nos puedan presentar y que a su vez nos ayudarán a ser calculadores o generadores de cuantos planes sean necesarios para alcanzar nuestras metas.

La planificación es una buena herramienta para gestionar la ansiedad de forma asertiva, cuando decidimos diseñar un plan lo hacemos enfocándonos en ciertos objetivos realizables y que se ejecuten en un tiempo determinado que sea factible y extensible en caso de ser necesario. Un buen ejercicio que nos puede ayudar a gestionar asertivamente la ansiedad que nos provoca la realidad migratoria es diseñar un Plan semanal que nos permita avanzar en temas de: legalidad, independencia, empleo, relaciones sociales, esparcimiento o recreación, entre otras.

La relajación es pilar fundamental cuando se desea trabajar con los síntomas asociados a la ansiedad. Es allí donde curiosamente la respiración, concentración e imaginación pueden jugar un papel fundamental dentro de la búsqueda de la tranquilidad que hemos perdido. Un ejercicio cotidiano que se puede realizar es el de la Respiración 4x4 que consiste en ubicar un espacio tranquilo que no nos recuerde ninguno de los problemas o situaciones estresantes que tenemos en nuestro día cotidiano y cerrar los ojos enfocados en no darle cabida a ningún pensamiento.

Una vez iniciado el ejercicio, se recomienda inhalar aire por cuatro segundos, retener por cuatro segundos y exhalar por cuatro segundos. Esto se recomienda hacer cuatro veces seguidas, pero puede hacerse cuantas veces sea necesario para bajar los niveles de ansiedad.

Las técnicas de relajación son importantes para disminuir los niveles de ansiedad, pero no deja de ser necesario el hecho de que necesitamos un profesional de la salud mental para gestionar correctamente las emociones y síntomas que aparecerán asociados a ellas. Por ello, es una muy buena opción contar con un Psicólogo durante todo el proceso migratorio en el que sintamos que necesitamos ayuda emocional.

¿Estoy Deprimido?

Cuando se habla de Depresión por lo general se tiende a pensar que la persona padece de un sentimiento de tristeza repetitivo y que el mismo no le deja percibir más que tonos grises u oscuros en el plano que se desarrolla. Lo que las personas comúnmente conocen como depresión son algunos de los síntomas como la tristeza, melancolía, insomnio, llanto frecuente e ideas suicidas.

La Depresión es un trastorno del ánimo que puede ser leve, moderado y grave. Comúnmente afecta física y mentalmente en el modo de sentir y de pensar de la persona que la padece. La depresión puede provocar deseos de aislamiento, fatiga, pérdida de interés social, académica o laboral, causar ansiedad, pérdida del sueño (insomnio), pérdida del apetito, ira, ideas suicidas y falta de interés o placer en realizar actividades que con anterioridad se hacían con frecuencia.

Diagnosticar una depresión es una tarea que vincula a los Psicólogos y Médicos Psiquiatras, quienes por medio de una evaluación exhaustiva determinan si existe o no depresión y a su vez califican el nivel que padece la persona. La Depresión es real y debe tratarse con un profesional en la materia, no debe subestimarse bajo ningún concepto porque tiene consecuencias profundas en la Psique de la persona.

Al emigrar afloran muchos de los síntomas depresivos porque hemos dejado nuestra zona de confort y nos estamos enfrentando a algo totalmente desconocido para nosotros. La soledad y discriminación puede ser el detonante de un cuadro depresivo, por lo que es normal que una persona migrante pueda padecer de depresión a corto o largo plazo.

Mantener el contacto con familiares y amigos por medio de las nuevas tecnologías es una forma eficaz para combatir la soledad y sentimiento de abandono. Sin embargo, al estar expuesto a lo desconocido lo mejor que un migrante puede hacer es relacionarse, inscribirse en cursos, actividades deportivas o recreativas que permitan vincularse a la nueva sociedad.

Ser inmigrante es una oportunidad indiscutible para reestructurarse y retarse día a día con la finalidad de ser una mejor persona. Por lo que puede ser una forma interesante de dejar vivir del pasado y abrirse paso al presente, por lo general la depresión tiene una causa base y le siguen causas asociadas al hecho, que hacen creer que la depresión no puede sanarse y que es una condición de vida.

Reconocer la causa de la depresión es el primer paso que necesitamos para sanar y canalizar todo lo que consiguió que se instaurara en nuestra vida. Asistir con el profesional adecuado y seguir el tratamiento indicado es indispensable para superar la depresión.

Existen también máscaras de la depresión, son comúnmente utilizadas porque socialmente hemos aprendido a no mostrar los síntomas depresivos por vergüenza a lo que la gente pensará o dirá de nosotros. Entre las máscaras pueden aparecer rasgos relacionados al desenfreno, alcohol, ataques de ira, ansiedad constante, sexualidad libertina y a su vez pueden aparecer síntomas físicos relacionados con la digestión, dolores, vértigos y fatiga.

Una persona que se muestre completamente feliz por vivir una vida desenfrenada en cuanto a celebraciones, consumo de alcohol sin medida, sexualidad libertina, pocas horas de sueño y actitud defensiva-agresiva puede estar viviendo un cuadro depresivo. La diferencia es que este tipo de depresión se manifiesta por así decirlo a través de máscaras, cuestión que a simple vista nos hace pensar que la vida de esta persona va a los límites, pero nunca pensaríamos que padece de algún cuadro depresivo importante.

La Depresión migratoria puede tener sus orígenes en muchos contextos, esto dependerá de la persona que ha emigrado y de su historia personal de vida, a su vez de cómo ha avanzado en el nuevo País y de la forma en la que ha logrado integrarse a la sociedad. Es de recalcar que el migrante ha salido de un nido, un nido llamado "Familia Nuclear" que es la familia principal de la persona, donde tenía un hogar, una zona de confort que le hacía sentirse seguro(a) a pesar de las dificultades. Sucede que al salir de su nido debe enfrentarse a la vida por la que quiere luchar y que muchas veces siente no tener las herramientas necesarias para superarse porque como una cría, ha abandonado a los que le cuidaban para volar con sus propias alas.

El Nido vacío es una realidad común que vemos en los inmigrantes y aunque este síndrome se conoce y estudia más que nada cuando queremos abordar la salida de los hijos de casa de los padres o representantes, puede llegar a ser interesante usar lo que conocemos sobre el Nido Vacío enfocándolo en la migración.

Abandonar el País de origen también es abandonar un Nido, un nido que nos ha ofrecido cuidados, cultura, tradiciones y un lenguaje particular en el cual sentíamos que teníamos herramientas para todo, pero la migración nos ayuda a ver el mundo más grande, nos permite saber que fuera de mi nido (País) hay mas vida en la que puedo explorar y desarrollarme como nunca lo hubiese hecho si no habría tomado la decisión de salir y arriesgarlo todo.

Dejar el Nido es una decisión que tomamos para avanzar hacia lo que ya no podemos conseguir en ese espacio reducido que nos ofrecía todo lo necesario para crecer. Avanzar es una decisión de riesgo en el que no tenemos certeza de éxito, pero si tenemos garantía de cambios, para bien o para mal nuestra naturaleza humana nos invita siempre a seguir arriesgándonos para conseguir mejores condiciones, aunque el panorama no sea el más positivo. Lo que sucede con la depresión como trastorno del ánimo es que sugiere repetidamente que nos quedemos sumergidos en lo negativo, no nos permite tomar asertivamente las decisiones porque la apatía, tristeza y lo que percibimos no sale de tres colores (Blanco, negro y Gris).

Sentirse Deprimido es normal si has experimentado alguna situación depresora, no somos inmunes y cada emoción está allí para cumplir una función específica ante los estímulos que constantemente recibimos. Buscar ayuda siempre será el primer paso para ver el mundo con una paleta de colores amplia y viva, de nosotros depende salir adelante a pesar de que las cosas malas nos están pasando una tras otra y no es porque somos emigrantes, es porque estamos empezando de cero y necesitamos aprender en este nuevo sistema.

Síndrome de Ulises

Al Síndrome de Ulises se le conoce también como síndrome del emigrante con estrés crónico y múltiple. Sólo afecta a inmigrantes que viven situaciones extremas y su nombre se inspira en el héroe mítico de Ulises por haber vivido innumerables adversidades y peligros lejos de sus seres queridos.

Los síntomas del Síndrome de Ulises tienen que ver con la consecuencia del estrés crónico, entre ellos están: Insomnio, dolores (corporales), migraña, problemas cognitivos (memoria), irritabilidad, depresión, tensión y fatiga. El Dr. Joseba Achotegui (Psiquiatra) Director del SAPPIR y aún profesor titular de la Universidad de Barcelona menciona como estresores más importantes: Separación forzada de los seres queridos que supone una ruptura del instinto del apego, sentimiento de desesperanza por el fracaso del proyecto migratorio y la ausencia de oportunidades, lucha por la supervivencia (donde alimentarse, donde encontrar un techo para dormir) y finalmente miedo, por el tipo de migración (amenazas de mafias, miedo a la detención y expulsión, miedo a la falta de defensa por no conocer sus derechos).

Una experiencia extrema en cuanto a emigración se refiere, es un tipo de migración forzosa donde el emigrante es obligado a salir de su tierra por medios no seguros y en algunos casos humillantes. Donde la búsqueda de un futuro mejor se ve envuelta en la necesidad de apoyo por bandas criminales, trata de personas, secuestros y persecución de organismos policiales.

El Síndrome de Ulises no lo padecen todos los emigrantes y sólo puede ser reconocido mediante evaluación psicológica. La sintomatología asociada al Síndrome puede ser confundida por factores relacionados a las vivencias del emigrante durante todo su proceso pero que no por ello cumple con el diagnóstico.

El estrés crónico y múltiple del emigrante tiene tratamiento, pero probablemente sea necesario vincular una terapia específica que incluya y vincule las vivencias específicas en la experiencia migratoria del paciente. Este síndrome va más allá de la depresión pues la incluye dentro de su sintomatología y sólo se origina en algunos casos de emigración extrema a la que se enfrentan millones de personas que desean conseguir una mejor vida pero que no cuentan con lo necesario para ser aceptados como inmigrantes regulares o legales en el País que va a ser su receptor.

Empleos para Migrantes

Una de las pruebas más difíciles que tenemos las personas migrantes es el tipo de empleo para el que somos contratados. Por lo general el empleo de una nación va dirigido a personas cualificadas por el Estado que les rige, pero que sin embargo existen múltiples oficios que una persona sin problemas de salud o de motricidad puede realizar perfectamente.

Existen diferentes realidades en cuanto al tema de los empleos para migrantes, entre ellas están los inmigrantes irregulares que no reúnen los requisitos mínimos para establecer su residencia y en su defecto contar con un permiso de trabajo en el que pueda permitirle desarrollarse. A su vez existe el ciudadano o residente empresario que busca mano de obra rentable y que no tiene problema en contratar alguien que le genere menos gastos por el mismo oficio.

Uno de los graves problemas que desata xenofobia en una sociedad es el empleo, comúnmente los ciudadanos o residentes contratan personas que no cumplen los criterios mínimos de legalidad porque no se les puede incluir en plantilla y por ende no se pagan los impuestos que deberían pagarse al estado por trabajador. Por otra parte, el inmigrante puede estar desesperado con la búsqueda de un empleo que le permita mantenerse en un País que no es el suyo y por necesidad puede aceptar el salario que le ofrezcan aún, cuando es muy por debajo de lo que el resto de los residentes o ciudadanos cobrarían.

El Problema del abuso hacia los inmigrantes no viene originado por la aceptación de cualquier tipo de paga por el empleo que le asignen, lo que realmente origina este tipo de problemas son los empresarios ciudadanos o residentes de la nación que por beneficio propio ofrecen malas condiciones a aquellos que lo han dejado todo por un mejor futuro. Debido a los diferentes tipos de migrantes puede suceder que se tengan personas sobre cualificadas para la función que están cumpliendo pero que hasta que no puedan regularizar su nivel académico o laboral se verán obligados a trabajar de lo que sea.

Entender que el migrante es una persona que se ha desarrollado en su País de origen y que posee conocimientos de un profesional puede ser la clave para que ciertos puestos de trabajo sean cubiertos cuando los nativos o residentes no pueden cubrirlo por carecer de los conocimientos necesarios. Evaluar las capacidades de los inmigrantes que se contratan en una empresa es un reto para el sector de los Recursos Humanos que muchas veces no se plantea ni ejecuta por no invertir más tiempo del que genera una simple selección de personal.

Conseguir un empleo para un inmigrante es una tarea complicada y por lo general va dirigida a oficios que los nativos no quieren realizar. A pesar de tener formación y experiencia en áreas mejor remuneradas puede suceder que por el simple hecho de ser inmigrante la persona no pase de la entrevista de trabajo. Esto motivado a que muchas veces no ha convalidado sus estudios o por el contrario el personal de recursos humanos tiende a dudar la veracidad del curriculum vitae por no conocer las Universidades o empresas donde esta persona se ha desarrollado.

Cotidianamente los inmigrantes deciden mentir en el

curriculum vitae o modificarlo a tal punto que les sea beneficioso para conseguir trabajo en un sector determinado aún cuando no sea bien remunerado pero que al menos les garantice un puesto laboral de forma rápida para empezar a producir económicamente y no quedarse en el sector más bajo de la nueva sociedad a la que ahora pertenece.

Los inmigrantes decidimos en un momento de nuestro paso por el nuevo País decirnos adiós a lo que fuimos porque las oportunidades que nos ofrecen no están vinculadas a lo que hacíamos en nuestro País de origen y esto muchas veces conlleva al sentimiento de la frustración por tener que replantearse una y otra vez si valdrá la pena empezar de cero o iniciar algo nuevo y redescubrirse.

Iniciar de cero siempre será beneficioso en una nueva cultura y empezar algo nuevo que nos ayude a redescubrir vocaciones que no nos habíamos cuestionado puede ser una excelente herramienta para crecer como persona. Decirse adiós es una oportunidad para darse la bienvenida a la nueva vida.

¿Oficios o Castigos?

La gran realidad que muchos enfrentamos a la hora de conseguir un empleo en nuestra condición de inmigrante es que los oficios para los que nos buscan pueden ser considerados como castigos. En los que por un salario terminamos siendo abusados física y emocionalmente por los propietarios o encargados.

Lo que realmente debemos tomar en cuenta es que un oficio no será nunca un castigo y aunque este oficio no me guste puede ser pieza clave para nuestro desarrollo en el nuevo País. Si bien es cierto que podemos encontrarnos con un ambiente de trabajo tóxico y de muy malas condiciones laborales también es cierto que de nosotros depende seguir moviéndonos o estancarnos a la sumisión.

Trabajar como inmigrante es una experiencia que todos deberíamos pasar para entender más el fenómeno migratorio y valorar a cada persona en su puesto de trabajo. Probablemente la mejor lección de vida que tengamos como seres humanos es la del trabajo pues nos enseña a que el aprendizaje constante, los valores y la actitud es fundamental para fomentar el crecimiento de un País entero.

Por lo general los oficios que son mundialmente reconocidos para inmigrantes son los que están relacionados a la cocina, camareros-mesoneros, bartender-barmaid, mecánicos, teleoperadores, vendedores-dependientes, housekeeping -camarero de piso – personal de limpieza, recepcionistas y entre otros puestos de trabajo en los que el nivel formativo no es importante pero la experiencia o las ganas de aprender si lo son.

El Trabajo dignifica a la persona y aunque no sea este su área de conocimiento o de desarrollo profesional sigue siendo un escalón que le permitirá alcanzar sus metas más próximas para el futuro mejor que vino buscando desde su País de origen. El clima laboral en este tipo de empleos por lo general es ameno, dinámico y con mucha presión pero que con buena actitud puede resultar una grata experiencia mientras se consiguen ascensos o algo más atractivo a nuestros gustos laborales personales.

Cada empleo tiene su grado de complejidad, sus beneficios y problemas relacionados al mismo. Ciertos sectores tienen mejores condiciones de horarios, salarios, vacaciones o libranzas por lo que de nuestros objetivos personales dependerá la toma de decisiones sobre el trabajo asignado.

El Clima laboral que se maneja en una empresa o sector muchas veces no es controlado ni dirigido por profesionales en el área, el problema de las microempresas es que se manejan desde una perspectiva poco profesional y más funcional para propietarios o encargados del negocio. Por ende, el clima laboral puede ser responsabilidad de los empleados y estos a su vez manejar un gran compromiso en el crecimiento de la empresa.

Reconocer que el empleo que se tiene es una oportunidad puede llegar a ser el pensamiento positivo más beneficioso que usemos a la hora de continuar aún cuando la realidad no sea la que queremos. De nosotros dependerá movernos a buscar algo mejor o a equiparar si es una buena opción seguir creciendo en un sector determinado porque me traerá buenos beneficios en un futuro cercano o no tan cercano.

La buena actitud, la dedicación, el compromiso, la puntualidad, la accesibilidad en las relaciones laborales y la agilidad en ciertas funciones será siempre un punto positivo que nos proporcione la confianza y estabilidad laboral que tanto buscamos en cualquier tipo de empleo para el que concursemos. Los oficios pueden ser lo mejor que nos pueda pasar dentro de nuestro crecimiento como inmigrantes o por el contrario pueden ser nuestra ruina y más grande frustración de no haber conseguido nada.

Me adapto al cambio

Una de las situaciones más difíciles que enfrentamos como inmigrantes es adaptarnos al cambio. Entender que lo que viví no tiene nada que ver con lo que vivo en este momento ni con lo que viviré en los próximos años. La adaptación es un conjunto de cambios que realiza una persona por un periodo de tiempo determinado para lograr los objetivos que se había planteado en el pasado.

Adaptarse al cambio responde a la necesidad de enfrentar

un reto que nos hemos planteado con la finalidad de salir exitosos de la nueva experiencia. El cambio puede ser una solución al caos que nos representa lo novedoso y desconocido para nosotros.

El no estar en el País de origen y empezar de cero nos permite tomar conciencia de los privilegios que se tuvieron en el pasado y que probablemente no se habían percibido de esa forma. Lo adverso o desfavorable es diferente para cada persona y sobre todo para cada tipo de migrante.

Algunas personas sienten que pueden haber perdido la identidad al no conseguir replicar su vida pasada con su vida como inmigrante pero la realidad es que no lo perdemos todo. Seguimos siendo las mismas personas en un lugar y contexto diferente, por lo que la realidad forma parte de un proceso que no es permanente y nos da la garantía de ser temporal.

Molestarse, maldecir y tomar actitudes negativas frente al cambio nunca será una decisión acertada si lo que realmente queremos es adaptarnos a la nueva cultura y nuevas experiencias que nos ofrece el País que en cierto modo nos ha abierto las puertas para soñar en grande y cumplir todo lo que no pudimos cumplir en nuestro País de origen por los diferentes motivos que nos impulsaron a tomar la decisión de emigrar.

El clima, el horario, el trabajo y el lenguaje son los primeros factores que nos ayudarán a visualizar como nos vamos adaptando a todo este gran cambio que nos ha estado moldeando para crecer como personas nuevas. Vivir estas experiencias como una forma de aprendizaje es vital para tomar actitudes positivas, alegrarse y bendecir cada momento que nos permita sentirnos vivos.

Los primeros pasos para adaptarnos y construir una nueva vida que nos pueden ayudar a mantener una estabilidad emocional adecuada cuando llegamos a un País que no es el nuestro son variados. Pero los que no podemos dejar de seguir son:

- Huso Horario: Para Países donde el Huso horario no corresponda con el nuestro, es necesario "tomar el hábito" de hacer las tareas cotidianas en el tiempo habitual a esa sociedad (Dormir, comer, trámites, búsqueda de trabajo y actividades recreativas).
- Relaciones: Integrarse a grupos sociales, participar de tours dinámicos, formar parte de voluntariados, inscribirse en cursos o vincularse a centros deportivos nos permitirán conocer personas. Lo interesante de esta forma de adaptación es que de tu desempeño dependerá las relaciones que puedas construir en cada uno de estos lugares. Toma en cuenta que al inicio relacionarte con los nativos puede ser una excelente opción para comprender más su cultura, el lenguaje,

sus tradiciones y los contactos que tanto necesitas para surgir en este nuevo País.

- Planificación: Tomar un calendario y convertirlo en una herramienta de uso personal es una gran idea. Es recomendable utilizarlo para anotar tareas por hacer, metas por días, agendar citas y encuentros, planificar horas de sueño o productividad. A esta técnica se le conoce como "Registro" y más allá de ayudarnos en planificación, nos permite evidenciar el avance o retroceso que hemos tenido en la semana y mes.

- Información: Leer noticias en periódicos o páginas oficiales del País al que has llegado, escuchar activamente el lenguaje de los nativos, aprender frases o palabras puntuales, investigar el cómo se dice o cómo lo hacen nos beneficiará a la hora de comprender la cultura y cómo son los procesos que llevan a cabo los nativos.

- Trabajo: Conseguir el primer empleo es fundamental para poder desarrollarse dentro del Nuevo País, pero no por ello la rama laboral en la que iniciemos será la mejor. Investigar, formarse y buscar la forma de conseguir un empleo mejor siempre debe ser una prioridad.

La adaptación a un nuevo País también incluye al sentimiento de inseguridad, estar lejos de lo nuestro, de lo que nos caracteriza y de nuestra familia nos ayudará a descubrir talentos que no conocíamos. Sentirnos débiles e inseguros será una nueva forma de vida hasta que consigamos ver que este País ahora es nuestro nuevo Hogar.

Adaptarse al cambio es estar dispuestos a entender que las personas son distintas, cada lugar tiene su encanto, el clima puede ser totalmente nuevo, pero ante todo lo que siempre debemos tener en cuenta es que las dificultades nos permitirán renovarnos frente a todas estas experiencias.

Decálogo del "No soy bueno"

Cada persona se rige bajo un patrón de creencias, por lo general ha sido establecido por la familia, la cultura, la religión y muchas veces por la sociedad que le rodea. Claramente no somos buenos para todo, cada ser humano es único e irrepetible, toda experiencia es única y los talentos son diversos.

El Decálogo del "No soy bueno" ha sido escrito con la finalidad de reflexionar cuando sintamos que no servimos para esto de la inmigración, justo en el momento en el que tengamos en la mente esa frase de "Me quiero ir, no soy de aquí" y, es que parte de la adaptación como inmigrantes consiste en pasar por cada número de este decálogo que nos ilustra lo que nos toca experimentar día a día.

1. No soy bueno para muchas cosas y eso me hace recordar mi Humanidad.

2. No soy bueno para lo cotidiano porque me preparé para lo extraordinario.

3. No soy bueno para aceptar los abusos porque me enseñaron a no aplaudirlos.

4. No soy bueno para decir que soy bueno porque eso me hace egocéntrico.

5. No soy bueno para algo que no aprendí, pero estoy dispuesto a dar lo mejor de mí.

6. No soy bueno para decir que no extraño cuando la verdad es que lo hago todos los días.

7. No soy bueno para no preocuparme porque la verdad es que lo que dejé atrás es lo más importante para mí.

8. No soy bueno para decir que no me importa mi País porque lucho día a día por él y nuestra gente.

9. No soy bueno para tolerar la xenofobia porque en mi casa me enseñaron a quererlos a todos.

10. No soy bueno para criticar un oficio porque el trabajo dignifica.

Vivir del recuerdo

Al establecernos en el País que nos ha recibido vamos a tener una tendencia a comparar nuestras experiencias de vida actuales con las pasadas, pensamos e imaginamos cómo sería recuperar todo aquello que dejamos atrás por causa de la migración y si no lo sabemos canalizar nos convertiremos en personas que viven del recuerdo.

El recuerdo puede convertirse en nuestro gran enemigo y piedra de tropiezo en todo lo que queramos emprender. Nuestra realidad como inmigrantes no será jamás parecida a lo que llegamos a ser como nativos en nuestro País porque cada realidad cambia cuando nos vemos en la necesidad de empezar de cero.

Algunas personas viven su inmigración de forma tal que quieren replicar su recuerdo en su presente, por lo que buscan los mismos empleos que tuvieron cuando apenas están iniciando su vida como inmigrantes. Puede resultar frustrante para estas personas no encontrar empleos o estudios similares para los que se habían formado pero lo cierto es que cada País tiene sus procesos, sus mecanismos y sus leyes para el ejercicio profesional de algunas áreas laborales.

Crecer es una meta en común que podemos tener como inmigrantes, vivir una vida plena libre de los problemas del pasado puede ser un sueño en común y aprender a vivir con la separación de todo lo que sentíamos nuestro puede ser la experiencia más dolorosa que nos una, independientemente de que no compartamos la misma nacionalidad.

Recordar es vivir muchas veces lo que idealizamos porque nos sentimos muy bien en ese momento preciso, de modo que nos puede llevar a experimentar la misma sensación que tuvimos en ese momento para impulsarnos o anclarnos en una posible depresión. Seguiremos siendo quienes éramos a pesar de que nuestra ubicación esté en una latitud diferente, de que el idioma que manejemos ahora no sea el materno o incluso de que hoy vivamos una vida austera después de haberlo tenido todo en recursos.

Cada caso es distinto como distintas son las circunstancias que nos hicieron tomar la decisión de emigrar, no todos los inmigrantes extrañamos lo que fuimos o lo que sentíamos nuestro, pero siempre tendremos la duda de lo que hubiese pasado si siguiéramos en nuestra tierra. Vivir del recuerdo no será nunca la mejor decisión si lo que queremos es superarnos y avanzar en esta nueva realidad.

Estudiar es uno de los grandes retos que tenemos en la inmigración, si alguno quiere superarse y escalar en el estatus que establece esta nueva sociedad que no es la tuya lo más recomendable es iniciar desde abajo. Estudiando y formándose para algo mejor, que permita tener más alternativas que los oficios básicos que al inicio nos ofrecen.

Conocer personas que aporten, relacionadas a áreas del conocimiento o estudio que nos involucren en nuevas experiencias que nos nutran, inscribirnos en cursos, programas o hasta en la Universidad será siempre de gran provecho en nuestra nueva vida. Repetir la carrera universitaria que tuvimos, hacer trámites para gestionar equivalencias u homologaciones será siempre una decisión que hay que evaluar de acuerdo con el País donde estemos.

Estudiar los mercados laborales que tienen más demanda dentro de la ciudad donde residimos es una excelente idea para cuestionarnos y volver a hacer nuestro discernimiento vocacional. Pasar de Médico a un departamento administrativo puede llegar a ser tomado como una pérdida de tiempo, pero la verdad es que podemos estar descubriendo una vocación que nunca le dimos cabida por creencias que nos establecieron en nuestra sociedad.

Repetir nuestros estudios porque sentimos aún vocación y vemos un campo exitoso en el País al que hemos decidido emigrar puede ser una de las más grandes alegrías o una de las más grandes torturas para quienes no quieren darse una nueva reflexión vocacional. Ser inmigrante es una nueva oportunidad para redescubrirse o reafirmar la vida que elegimos vivir en búsqueda de la felicidad.

Lo que fui

Fuimos personas forzadas por sistemas, situaciones, experiencias, modelos económicos y líderes para que saliéramos de nuestra tierra en búsqueda de un futuro que ya no era posible en nuestro lugar de origen. Fuimos quienes somos, somos aquello que nos proponemos y seremos lo que nos haga felices a pesar de que nos cueste mucho conseguirlo.

Extrañar lo que construimos con dedicación, lo que dejamos por convicción y lo que perdimos por fuerza es permisible. Detenernos a vivir una vida de nostalgia sin dar pasos para cumplir con el futuro mejor que nos motivó a salir de nuestro País es algo que no podemos dejar que suceda.

Seremos mejores de lo que fuimos, el pasado nos ha forjado una experiencia que puede impulsarnos a conseguir una realidad diferente y mejor a lo que ya estábamos acostumbrados a vivir. De nuestro ímpetu dependerá los logros que de ahora en adelante consigamos a pesar de todas las dificultades que se nos presentarán en este arduo camino del ser trasplantados a un terreno desconocido.

Se dice que las personas no cambian, que en su esencia siguen siendo las mismas o que a duras penas cambian conductas para ser aceptados, pero se ignora que un inmigrante hace un cambio de vida total y puede llegar a ser alguien totalmente diferente a quien fue. Las personas cambian, su esencia se transforma, las conductas vienen y van, pero lo más importante es que el ser humano siempre estará dispuesto a avanzar en medio de las dificultades, a eso le llamamos resiliencia y todos sin dudar somos resilientes.

Muchos no nos reconocerán, cambiaremos tanto y contaremos tan poco porque nuestras prioridades serán diferentes. Nuestro tiempo será ajustado, nuestras creencias se modificarán hasta el punto en el que podamos decir que valió la pena todo lo que hicimos. Somos más de lo que llegamos a ser y como inmigrantes podemos contribuir tanto a cada nación que el mundo sería un lugar totalmente diferente.

Sentirse mal por no contarlo todo, por no poder enseñar lo que nos ha hecho cambiar y por lo que hemos pasado al cabo de todo este tiempo como inmigrantes será una sensación que nos acompañe siempre. A pesar de todo, la inmigración es una decisión que tomamos para toda la vida y que nos acompañará hasta el final de nuestros días. Por esto y más, en este camino llamado inmigración debemos ser notorios, faros que iluminen todo lo que estuvo obscuro en el camino que transitamos por la meta de tener un mejor futuro.

Rutina mental del inmigrante exitoso

La mente es uno de los aspectos más poderosos que tenemos los seres humanos, puede llegar a ser lo más valioso y lo que nos diferencia de los otros seres vivos. Una rutina mental consiste en aplicar un patrón rutinario en el que se involucran procesos cognitivos para conseguir alguna meta u objetivo.

Ser inmigrante es quizá una de las tareas más difíciles que nos toque afrontar pues hemos salido de nuestra zona de confort. Un inmigrante es exitoso per se, porque se ha atrevido a pesar de lo que la emigración representa, a salir de su espacio y buscar crecer en un terreno que no conoce. Ser exitoso siempre dependerá del empeño y constancia de cada persona.

Para iniciar una rutina mental lo primero es establecer objetivos claros y ejecutables dentro de un tiempo determinado. Nuestro cerebro funciona en positivo y esto lo explica en varios de sus enunciados la Programación Neuro Lingüística. Cada ser humano se mueve en base a una intención positiva, aunque socialmente algunas intenciones sean tomadas como acciones negativas.

Establecer objetivos claros y ejecutables entonces no es suficiente para incluirlos en una rutina mental. Por el contrario, hay que escribirlos en positivo, de modo que nuestra mente se planifique a que es posible y aceptable el realizar todo lo que esté en nuestras manos para hacerlo realidad. Una vez establecido el objetivo es importante que tomemos algunas herramientas gráficas que nos permitan plasmar en físico lo que deseamos conseguir.

Una pequeña libreta, un bloc de notas o un diario será una herramienta perfecta que nos ayude a darnos motivos para crecer en el nuevo País. En la herramienta que elijamos sería recomendable plasmar las actividades que consideremos sean efectivas para conseguir el objetivo que tenemos en mente, por lo que el tomar unos minutos para planificar el día siguiente, escribir las prioridades y actividades que necesitamos hacer para comenzar el día con propósitos claros y alcanzables será una de las prácticas más importantes para siempre mantener una rutina mental enfocada en el éxito.

Escribir lo que hemos conseguido y hecho bien diariamente será una forma de reforzar lo positivo. Por lo que cuando pasemos por un momento de inseguridad sobre nuestro proceso migratorio esta sección de tu herramienta servirá para ver cuanto se ha avanzado en la consecución de los objetivos. Con el paso del tiempo nos acostumbraremos a ver lo positivo de cada situación y a siempre actuar en base a una planificación real y sincera que responda a nuestra situación.

Meditar es una actividad que permite desconectarse del bullicio cotidiano que por lo general nos perturba y no nos permite centrarnos en lo realmente importante. Es una actividad que ha recibido muchos nombres por parte de culturas antiquísimas pero que en su esencia tiene como finalidad el encuentro personal y el centrar a la persona. Puede ser una herramienta eficaz dentro de nuestra rutina mental para inmigrantes exitosos, unos minutos al día pueden ser suficientes para enfocarnos, centrarnos y saber que hacer cuando pareciera que se nos han acabado los planes. La meditación es altamente efectiva para disminuir los niveles de ansiedad, inseguridad e ira.

Las rutinas mentales por lo general son altamente efectivas al planificarlas la noche anterior y ejecutar las acciones en el transcurso del día. Enfocarse y hacer al menos una actividad diaria para alcanzar un objetivo es el truco para avanzar, aunque sintamos que estamos haciendo poco. Nuestro éxito no dependerá de lo mucho que hagamos si no de lo poco que realicemos con gran constancia y dedicación en el momento preciso.

¿Cuándo acudir al Psicólogo?

Socialmente en muchos países del mundo a la salud mental se le ha restado importancia y por el contrario se ha potenciado que cada persona es capaz de resolver conflictos emocionales, situaciones estresantes, problemas sexuales y situaciones que se desvinculan de la estabilidad mental de los seres humanos. Curiosamente se ha tomado la idea absurda de que los profesionales de la Psicología o Psiquiatría se dedican exclusivamente a trabajar con seres humanos al borde de la locura.

Las labores que realizan son desconocidas socialmente y por una mala campaña mediática se ha llegado a pensar que todos los profesionales que nos hemos dedicado a la salud mental lo hacemos desde un sillón o diván en el que el paciente o cliente narra sus problemas sin obtener ningún tipo de solución relevante en su vida personal o social.

Los profesionales de la salud mental trabajamos con problemas emocionales, respuestas al estrés, pérdida de concentración, síntomas psicosomáticos, memoria, problemas sexuales, pérdida del sueño, sueños recurrentes, trastornos, síndromes, fobias, falta de orientación y todo lo que pueda perjudicar a la estabilidad mental de la persona.

El simple hecho de pensar que necesitas ayuda psicológica es un muy buen motivo para buscar un profesional adecuado que pueda apoyarnos y ver lo que por nuestro propio lente no vemos. Los motivos de consulta pueden ser variados, pero así como acostumbramos a ir al médico ante la aparición de algún síntoma que no se encontraba antes en nosotros es la misma motivación que debemos tener con nuestra salud mental.

La falta de concentración, la presencia de la ansiedad, las dificultades en la consecución de metas u objetivos, la falta de gestión de emociones, el no comprender lo que sentimos, los sentimientos de soledad o tristeza, la relación de pareja o familiar tóxica y los problemas relacionados al sueño son señales visibles y notorias de que necesitamos un apoyo considerable porque algo no está bien.

Un Psicólogo siempre será un gran aliado ante los momentos de incertidumbre y preocupación. Es un profesional externo a tu entorno que podrá ayudarte a usar herramientas que no percibes y que necesitas tomar para seguir adelante con todo lo que te propones. Puede llegar a ser la oportunidad de darnos un espacio para nosotros mismos sin tener siempre a los demás por prioridad.

En el camino migratorio un profesional de la salud mental siempre será fundamental pues el proceso que vivimos es digno de ser observado y gestionado de la mejor forma posible. La mente humana es algo preciado, valioso y que no debe ser subestimado bajo ningún concepto.

Tomar en cuenta que una buena sesión de psicoterapia no será nunca en una hora y que como todo en la vida es un proceso que puede llevar a ser más de una docena de sesiones. Una vida entera no la podemos resumir ni sanar en cuarenta y cinco minutos, como todo proceso llevará el tiempo que sea necesario y se adaptará a las necesidades y prioridades que establezcamos en conjunto con el terapeuta. Ser consciente de la importancia de nuestra mente es el primer paso para dar un giro realmente sorprendente en nuestra vida, no es cuestión de locura es cuestión de valorar lo más preciado que tenemos.

Acudir a asociaciones, ONG´S o centros de ayuda psicológica es una gran idea cuando no contamos con los recursos necesarios para asistir de forma privada a un profesional. Darse la oportunidad de investigar y de ir cuantas veces sea necesario a consulta con un terapeuta siempre será una decisión aplaudible que nos beneficiará a tal nivel que nuestra vida jamás será la misma. Cada proceso lleva su atención y cada caso tiene una solución que sólo está esperando nuestra decisión por buscar ayuda.

Lo que vive el familiar que no emigró

Generalmente el familiar que no emigró se ha tenido que acostumbrar a conversar a través de las nuevas tecnologías cuando el tiempo y los recursos del que ha emigrado se lo permitan. Ha tenido que aprender el cambio de husos horarios, aceptar que el tiempo no es algo que se puede calcular y aprender a que se está perdiendo el día a día de su familiar a pesar de que se comuniquen todos los días.

En Países que presentan crisis económicas y sociales graves se impulsa inconscientemente a sus ciudadanos a emigrar. Por su parte los familiares que hacen vida en estos Países y que no emigran visualizan comúnmente a muchos partir. Sus conocidos, familiares, amigos, vecinos y personas con las que cotidianamente se relacionaban ya no están compartiendo la misma tierra. Sienten que su círculo social se queda cada vez más corto y piensa que en algún momento puede que sea su momento para emigrar también porque ha carecido el sentido de su vida social.

Acostumbrarse a callar lo que vive por temor o como mecanismo de defensa se ha convertido en su accionar cotidiano para evitar causar dolor a sus seres queridos o conocidos que aún se comunican por medio de las nuevas tecnologías. Siente y vive diariamente en silencio porque considera que no le entenderían.

Reinventarse tantas veces sean necesarias y salir de la zona de confort puede ser una de sus actividades favoritas para tener nuevas experiencias que le permitan sentirse vivo en País que ahora ya no le sonríe de la misma manera como antes. La independencia es su gran aliada y es motivo de su orgullo personal.

El sueño es un gran problema para los familiares que se han quedado, por lo general las preocupaciones y los niveles de ansiedad le hacen mantenerse en vela hasta horas que no son saludables. El insomnio es una de las grandes máscaras de una depresión camuflajeada y de una ansiedad no tratada.

Las herramientas efectivas para los familiares que no han emigrado siempre serán las que les permitan mantener una comunicación constante con nosotros. El salir de la zona de confort tantas veces sean necesarias para ampliar y construir un nuevo círculo social, participar de psicoterapia y reencontrarse con ellos mismos para darle solución al fenómeno migratorio.

Lo que vive el que emigró

Las situaciones que vivimos como emigrantes son diversas y dependerán del tipo de emigración que realicemos. Hay migraciones traumáticas en las que el trayecto se ve vislumbrado por dificultades y peligros reales que no nos garantizan el cruce a un País con mejores oportunidades si no que, por el contrario, podemos correr el riesgo de perder la vida en el intento. Existen otro tipo de migraciones más sencillas en las que el trayecto está preestablecido por vía aérea, marítima y que lo más preocupante para nosotros puede ser la respuesta que recibamos del personal de migración o extranjería que nos recibe.

Dentro de las diferencias de la migración traumática a la migración planificada puede haber factores que sobresalgan y causen síntomas psicosomáticos específicos en los inmigrantes. Es así como los inmigrantes irregulares o ilegales pueden tener cierta aversión a los cuerpos de seguridad del estado que les recibe, discriminación por aquellos inmigrantes que emigraron de una forma más sencilla, sentimiento de ira recurrente a los nativos y su cultura o en cierto modo pensamientos irracionales sobre deberes del Estado con cualquier tipo de migrantes.

La realidad de la migración es que ningún gobierno está esperando una cantidad descontrolada de emigrantes y que por ello no cuentan con los mecanismos adecuados para ofrecerles lo básico que les haga sentirse como en casa. Cada caso puede ser tan diferente y difícil que se ameriten recursos que los Países no están dispuestos a gastar en personas que no son sus habitantes.

Los convenios, tratados, leyes y organizaciones sin fines de lucro por lo general pueden ofrecer ciertos beneficios o métodos que ayuden a la consecución de la legalidad de sus inmigrantes y que esto a su vez les permita iniciar una vida plena como residentes regulares. Pero hasta que esto pase lo que sucede en la vida de los inmigrantes es un misterio que muchos se niegan a escuchar.

El inmigrante irregular se acostumbra a huir de las autoridades, cambia problemas de inseguridad en su País de origen por el de paranoia hacia los agentes de inmigración, tiende a infravalorarse y darse el último lugar por su condición de inmigrante, socializa con miedo, se enfoca en conseguir el sustento diario aunque deba mentir para ello, huye de su pasado y también de su presente, busca fervientemente mejoras en su vida pero tiene muy bajas esperanzas en cuanto a un cambio de su estatus legal.

Al contrario, los inmigrantes regulares tienden a investigar sobre aquellos beneficios, recursos, leyes, tratados y convenios que le permitan avanzar para la consecución de sus metas diarias. Busca socializar para conocer la cultura, aprende las diferencias del lenguaje y siente como suyo el espacio que le recibe, solicita el respeto a sus derechos y se responsabiliza de sus deberes, aprende el cambio de horario y se acostumbra al clima a tal punto que aprende a lidiar con ello como si en su vida siempre hubiese sido así. Conoce que empezar de cero es una gran oportunidad que recibe para valorar desde lo poco todo lo que puede conseguir en un País que no es el suyo y a su vez mantiene la esperanza del futuro mejor a pesar de las dificultades propias de la inmigración.

Desde una visión general los inmigrantes tenemos una visión más amplia del mundo. Dicha visión permite comparar y diferenciar las oportunidades que nos ofrecía nuestra tierra y las que nos ofrece el País receptor. Nos permite valorar las relaciones sociales, la familia y las amistades sólidas, por lo que el inmigrante aprende el significado de extrañar lo que no tiene a su alcance para vivir con la esperanza del reencuentro.

Laboralmente los inmigrantes somos personas capaces que nos adaptamos al tipo de empleo que nos encarguen porque es una oportunidad que se nos ofrece para crecer y apoyar a quienes dejamos en nuestros países de origen. Cada empleo dignifica al trabajador y es una etapa que vivimos con mucha esperanza, por lo que la empatía, tolerancia y sociabilidad pasa a ser parte de nuestro día a día.

Emigrar me enseñó a

Hay muchos aprendizajes vinculados a la vivencia de la emigración, esto es motivado a la gran cantidad de experiencias y vivencias a las que nos enfrentamos dentro de un entorno desconocido. Lo que nos hace aprender que el desconocimiento del terreno sólo nos indica que el tropezar es una consecuencia de querer avanzar muy rápido por no tomarnos el tiempo para enfocarnos en la consecución de nuestras metas.

Visualizar el entorno y las acciones de los demás desde una perspectiva más amplia es característico de haber vivenciado un proceso en el que dentro de sus facetas nos enseñó a que toda acción tiene un porqué y a que todo porqué responde a un sistema de creencias modificable y ajustable con el tiempo.

Los criterios que culturalmente aprendemos pueden ser modificados cuantas veces sean necesarios para permitirnos avanzar y crecer como seres humanos. Dentro del fenómeno migratorio aprendemos a ver que el mapa no es el territorio y que lo que contemplábamos como verdad absoluta es solo una perspectiva que sirve para cierto sistema.

La Programación Neuro Lingüística nos indica que el mapa es sólo una porción de un territorio. Dicho mapa contiene rutas, edificaciones, señalizaciones y todo lo que para nosotros puede ser de utilidad, pero no por ello contempla todo lo que realmente hay en esa porción de territorio. Por tal motivo se plantea que cada persona tiene un mapa personal en el que establece su sistema de creencias, valores y comportamientos aceptables en los que justifica sus reacciones ante ciertos sucesos. El territorio por el contrario nos muestra que la verdad es lo mismo desde el punto de vista que se vea, es una visión amplia general y a su vez específica de la realidad que puede ser juzgada o vista bajo diferentes lupas.

Perder ambientes es algo común que nos enseña la experiencia de emigrar y que sin duda nos da una gran lección de vida en los contextos relacionados a la familia, geográfico, social y cultural. Todos estos ambientes que perdemos repentinamente por el simple hecho de emigrar son quizá los propulsores que nos motivan a hacer cosas que antes no pensábamos que éramos capaces y que nos vincularan a las decisiones de éxito o fracaso.

La Familia como pilar fundamental del Ser Humano es el primer ambiente que dentro del fenómeno migratorio se pierde con gran facilidad. La distancia, diferencia de oportunidades y el que hacer diario afectan negativamente en la emocionalidad de cada inmigrante al sentirse desunidos a los suyos.

El espacio geográfico de donde provenimos es un ambiente que se pierde al paso de los meses que tenemos como inmigrantes. Por lo que el extrañar el entorno que nos rodeaba, recordar los detalles mínimos que representen ese País que nos dio la oportunidad de crecer son consecuencias claras de un apego emocional nacionalista que tenemos todos los seres humanos.

La amistad, el entorno social y nuestro gentilicio es uno de los ambientes que nos pueden hacer sentir momentos de soledad e incomprensión cuando el País al que hemos emigrado es totalmente diferente a lo que culturalmente conocíamos. Reconocer, escuchar y evidenciar a otro connacional puede ser un motivo de alegría increíble que nos permita hacernos sentir más comprometidos y empáticos con los problemas de nuestros semejantes. Buscar lugares y espacios donde esté nuestro gentilicio es una realidad que nos enseña la emigración pues es una forma de conectarnos a todo eso que extrañamos.

Tradicionalmente la gastronomía, música típica, leyendas y tradiciones nos conectan autóctonamente con nuestras raíces y es uno de los espacios que por el que hacer diario y la nueva cultura podemos terminar extrañando y hasta olvidando. Es un ambiente importante que nos mantiene conectados con lo que fuimos, con nuestra esencia y que nos ayuda a diferenciar como ciudadanos de un País único e irrepetible.

Testimonio Migratorio

Mi nombre es nelly arandia; tengo 48 años soy de maracaibo venezuela, nací un 23 de abril de 1971, tengo 4 hermanos marianela, andreina, german y victor.

Nací en un hogar disfuncional, mis padres se separaron cuando tenia 7 años y eso me marcó para toda la vida, siempre soñaba con verlos juntos eso creó en mí un poco de miedo e inseguridad, pienso que eso me hizo fuerte y me ayudo a salir adelante.

Cuando tenia 12 años mi primo trató de abusar de mí pero siempre he sido una chica lista con coraje y sin miedo a enfrentar las situaciones que se me presentan día a día.

A los 16 años empecé a trabajar en el banco de maracaibo, allí conocí a mi gran amor, mi actual esposo angel. Él tenia 19 años era el chico mas lindo, estudié administración de empresas y me gradué en 1993. En diciembre de ese mismo año me casé y en abril de 1994 quedé embarazada de mi primera hija nelangela virginia.

Con la liquidacion del banco de maracaibo vivimos 10 años, gracias a esos ahorros compramos nuestra primera casa en un barrio que se llama motocross. Para mí era algo grandioso tener mi primera casa, aunque era en un barrio peligroso.

Mi esposo en ese tiempo trabajaba como administrador en una imprenta, ganaba poco dinero, pero eramos felices en nuestra casa, luego en el mes de abril salí embarazada de mi segundo hijo ángel eli, nació en enero de 1997.

Cuando nace mi hijo ángel, el padrino de mi esposo lo viene a visitar y le ofrece un trabajo para comenzar en un laboratorio internacional muy reconocido. A tres días de nacido mi bebé, mi esposo se va a un curso en la ciudad de caracas por tres meses.

Al principio tenía mucho miedo a quedarme sola por lo que mi hermana marianela vino a acompañarme ese tiempo mientras mi esposo regresaba.

Cuando mi esposo regresó le tocó trabajar en el ramo médico, el proveedor de los medicamentos se extrañaba de que un visitador médico viviera en un barrio muy peligroso y yo le decia con firmeza "un día me vas a llevar los medicamentos a una casa mas grande, bonita y bella" yo estaba segura de quien eramos y el potencial que llevaba dentro, en ese momento no trabajaba, pero hacía ventas informales desde mi casa a mis conocidos y amigos.

Para el mes de junio de 1998 toca mi puerta una gerente de zona de una compañía peruana que se llama lbel, hoy día es mi gran amiga lenis paz de paez, allí comencé a trabajar por 17 años por lo que fue una empresa que me enseñó a creer en el potencial que hay en mi y a luchar por mis sueños.

Cuando mis niños estaban pequeños siempre mi esposo y yo nos esforzabamos por ser buenos padres, darles mucho amor y ser unos padres responsables en sus vidas. Siempre nuestros hijos han sido y serán el centro de nuestras vidas y la mayor motivacion de salir adelante.

Para el año de 1999 compramos nuestra segunda casa, mas bonita en una zona mas centrica y poblada. Fue allí cuando comenzó todo a cambiar teníamos buenos trabajos, trabajábamos en el área de ventas por lo que teníamos que viajar y estudiar.

Nuestro trabajo se basaba en metas y los incentivos eran: viajes, electrodomesticos y dinero en efectivo. Todo marchaba muy bien, conocimos varios países, nuestros hijos asistían a actividades extracurriculares donde aprendian inglés, computación, natación, beisbol, etc.

Para el año 2007 compramos una tercera casa, eran tiempos de buena cosecha, pero siempre en la vida tendremos unos picos altos y otros no tan altos, donde debemos aprovechar las oportunidades que se nos presentan. Para el año 2008 mi hermana marianela viajó en enero a italia por asuntos médicos de su hija y nos separamos.

En julio de ese mismo año planificamos nuestro primer viaje a roma para reunirnos y apoyar a mi hermana, cuando mi hija nelangela cumple sus 15 años planificamos un viaje en 2010 de irnos todos. Era para mi una meta, nunca había tenido ese regalo de compartir con mi papá y mamá, hermanos juntos, comenzamos desde julio a planificar para poder viajar en diciembre.

Duramos 1 mes desde el primero diciembre hasta el primero de enero 2009, fue mágico compartir tantos momentos, esa fue nuestra primera y hasta ahora única navidad juntos, esa historia se llamó el mejor regalo de navidad. Para el año 2011 mi hija nelangela llega a casa con un proyecto de hacer un intercambio intercultural con afs -el cual no les miento yo dije no la voy a dejar ir- tenia mucho miedo de dejar a mi hija sola por el mundo. Por lo que me hacía la indiferente cada vez que ella mencionaba el tema, yo decía eso se le va a olvidar, pero les cuento que no fue así, cada día que pasaba ella se emocionaba más por asistir a las charlas educativas, campamentos y sesiones de grupo donde manejaban situaciones que se podian presentar durante el viaje.

La postulacion duro 1 año y para el año 2012 nelangela se fue de viaje a bélgica, hace su año de intercambio y curiosamente yo formé parte del comité organizador siendo la cordinadora de maracaibo. Tuve que ayudar a otras madres para que participaran y ayudaran a formar a sus hijos con la finalidad de ser parte de este maravilloso proyecto, nuestra familia participó en el programa y recibimos a un excelente chico de 17 años de alemania.

Su nombre es tobias, un chico muy inteligente y hablaba 5 idiomas, pero ya venezuela venia mal, las inversiones comenzaron a bajar, las empresas extranjeras se fueron del país, continuabamos trabajando, pero ya el dinero no era suficiente. Nelangela estudiaba en el extrajero y mi hijo angel ya se estaba graduando del liceo, por motivos personales y situaciones que no puedo mencionar en este parrafo salimos del país.

Mi esposo ángel tenia 48 años y yo 45 años, una edad un poco difícil para emigrar, pero aun comprometida con el desarrollo de mis hijos. Llegamos a los ángeles california, ya que mi hijo angel contaba con un visado i-20 para estudiar inglés como segunda lengua. Mi hijo iba a estudiar en los ángeles, pero me dió mucho temor dejarlo solo en una ciudad poco conocida, hablamos con un hermano de mi esposo y el nos recibió en salt lake city utah.

Llegamos un 14 de noviembre del 2014 para que ángel continuara sus estudios y que pudiésemos vigilar su estancia ya que solo tenía 17 años. Es traumante y desgarrador quererte expresar, pero no saber como decirlo por ser otro idioma, volver a los 45 años comenzar de cero, meter tu vida en dos maletas y volver a empezar.

Aunque ya han pasado 5 años desde ese día, me digo y me recuerdo quien soy, yo misma me habló al oido y me digo lo grande y maravillosa que soy. A veces olvido quien era, las cosas maravillosas que hacía y siento nostalgia de mi país. Emigrar no es fácil, aquí supe lo que realmente es el trabajo, pienso que en mi país no trabajaba, allá tenía horario de oficina, pero aquí tengo dos trabajos, me levanto de madrugada y llego de noche -salgo y está oscuro y llego y está oscuro- para estudiar inglés.

Los trabajos que he tenido han sido de limpieza y es muy duro hacerlo porque llegar a casa con las manos que te duelen, los dedos casi fracturados de dolor, pero siempre con una conviccion de que todo es pasajero y las cosas pasan por algo.

Estoy muy agradecida de la oportunidad de estar en este país que mis hijos hablen el idioma perfecto, darle la oportunidad a ellos de que sean mejor que nosotros, que puedan caminar por las calles, estar vivos, algo tan sencillo como sentarse en un parque. Porque en mi país no es posible hacerlo ahora.

No importa cual sea el sacrificio, el amor de padres es algo inexplicable y se que muchos estan pasando por mi misma situación. Por eso quiero inspirar a toda mujer que este pasando por esta situación a que sea perseverante y siga adelante, a que se prepare, que estudie, que se capacite, poco a poco, cada dia que se coloque la meta de hacer algo nuevo en pro de su avance.

No importa el trabajo que hagas, realízalo con amor, piensa que todo es pasajero y las cosas suceden por algo. Nada es casualidad, todo este tiempo lo he tomado como un perfecto y bello aprendizaje, yo se quien soy, soy una mujer amada, responsable, extraordinaria y sobre todo se de donde vengo y hacia donde quiero ir.

Todo lleva su tiempo, lo importante es tu esencia y lo que llevas por dentro. No te limites lucha por tus sueños tu eres tu propia competencia, superate y vuelve a comenzar si es necesario una y otra vez.

Ya para este momento 5 años despues de volver a comenzar mi nueva y apasionada historia de vida me doy ánimo y me siento cada dia mas hermosa y apasionada de luchar por lo que me merezco.

Hoy dia soy abuela de un hermoso bebe que se llama liam eli, hijo de ángel eli mi segundo hijo el cual amo intensamente y estoy segura de que he cometido muchos errores como mamá y ser humano. Ya mi esposo y yo tenemos 26 años de casados y estamos mas comprometidos que nunca de que los años venideros seran los mejores y si de algo estoy segura es que no se trata del lugar donde tu estés, cuando tienes luz propia tu brillas en cualquier lado.

Mi mensaje que lo aprendi trabajando en lbel, y me acompaña a todas partes: todo lo que vividamente imaginemos, ardientemente deseemos, entusiastamente emprendamos, sinceramente creamos, inevitablemente sucedera

Nelly Arandia Garcia @nellycag
Facebook: nelly arandia garcia

ACERCA DEL AUTOR

Jose Manuel Raccamarich Molina es un Psicólogo / Escritor Venezolano - Italiano que reside actualmente en Madrid España.

En el año 2015 publicó su Primer libro titulado "El Aborto, negación a la Vida" por Ediciones Tripode en Venezuela.

Desde el año 2017 motivado a la grave crisis que presenta su País natal se vió motivado a Emigrar a España en búsqueda de un mejor futuro.

Desde entonces ha vivido varias etapas que como inmigrante ha tenido que afrontar y saber canalizar.

Esto le ha motivado a publicar este año 2020 su segundo libro "Soy Emigrante" - Guía emocional para quien decide empezar de cero en un País que no es el suyo- como una herramienta valiosa para aquellos que deciden emigrar y luchar por un futuro mejor en medio de todo lo que se vive dentro del fenómeno migratorio.

Jose Manuel Raccamarich Molina es un Psicólogo / Escritor Venezolano - Italiano que reside actualmente en Madrid España.

En el año 2015 publicó su Primer libro titulado "El Aborto, negación a la Vida" por Ediciones Tripode en Venezuela.

Desde el año 2017 motivado a la grave crisis que presenta su País natal se vió motivado a Emigrar a España en búsqueda de un mejor futuro.

Desde entonces ha vivido varias etapas que como inmigrante ha tenido que afrontar y saber canalizar.

Esto le ha motivado a publicar este año 2020 su segundo libro "Soy Emigrante" - Guía emocional para quien decide empezar de cero en un País que no es el suyo- como una herramienta valiosa para aquellos que deciden emigrar y luchar por un futuro mejor en medio de todo lo que se vive dentro del fenómeno migratorio.

Soy Emigrante es un pequeño manual emocional que narra la realidad de querer empezar de cero en un País que no es el nuestro. Permite al lector aprender sobre todo lo que necesitamos para tomar la decisión de emigrar, las decisiones que pueden beneficiarnos, lo que emocionalmente nos puede pasar y las posibles ventajas o desventajas que encontramos en este camino que no tiene retorno.

ISBN 9798609456281

ANXIETY

A NATURAL WAY TO END ANXIETY

JEREMY MESSER